школа - paaralan 2
подорож - paglalakbay 5
транспорт - transportasyon 8
місто - lungsod 10
ландшафт - tanawin 14
ресторан - restawran 17
супермаркет - supermarket 20
напої - inumin 22
їжа - pagkain 23
ферма - bukid 27
дім - bahay 31
вітальня - salas 33
кухня - kusina 35
ванна кімната - palikuran 38
дитяча кімната - silid ng bata 42
одяг - pananamit 44
офіс - opisina 49
економіка - ekonomiya 51
професії - mga trabaho 53
інструменти - mga kagamitan 56
музичні інструменти - mga pangmusikang instrumento 57
зоопарк - zoo 59
спорт - isports 62
дії - mga aktibidad 63
сім'я - pamilya 67
тіло - katawan 68
лікарня - ospital 72
аварійний випадок - emerhensiya 76
Земля - mundo 77
годинник - orasan 79
тиждень - linggo 80
рік - taon 81
форми - mga hugis 83
фарби - mga kulay 84
протилежності - magkasalungat 85
числа - mga numero 88
мови - mga wika 90
хто / що / як - sino / ano / paano 91
де - saan 92

Impressum
Verlag: BABADADA GmbH, Nedderfeld 112 , 22529 Hamburg
Geschäftsführer / Verlagsleitung: Harald Hof
Druck: Books on Demand GmbH, In de Tarpen 42, 22848 Norderstedt

Imprint
Publisher: BABADADA GmbH, Nedderfeld 112 , 22529 Hamburg, Germany
Managing Director / Publishing direction: Harald Hof
Print: Books on Demand GmbH, In de Tarpen 42, 22848 Norderstedt, Germany

школа

paaralan

класна кімната
silid-aralan

ділити
bawasin

186/2

дошка
pisara

шкільний двір
bakuran ng paaralan

вчитель
guro

папір
papel

писати
sumulat

ручка
pen

письмовий стіл
mesa

лінійка
ruler

книга
aklat

учень
mag-aaral

ранець

satchel

пенал

lalagyan ng lapis

олівець

lapis

точило

pantasa

гумка

goma

альбом для малювання

drowing pad

малюнок

drowing

пензель

pinsel na pampinta

коробка фарб

kahon ng pinta

ножиці

gunting

клей

pandikit

зошит

aklat para sa pagsasanay

домашнє завдання

takdang-aralin

число

numero

додавати

dagdagan

віднімати

bawasin

множити

paramihin

рахувати

kalkulahin

літера

liham

абетка

alpabeto

hello

слово

salita

текст

teksto

читати

basahin

крейда

yeso

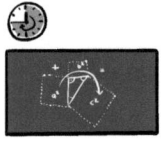

година

leksyon

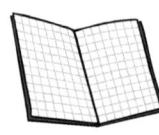

класний журнал

rehistro

екзамен

eksaminasyon

диплом

sertipiko

шкільна форма

uniporme sa paaralan

освіта

edukasyon

лексикон

encyclopedia

університет

unibersidad

мікроскоп

mikroskopyo

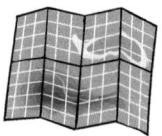

карта

mapa

кошик для паперу

basurahan ng papel

подорож

paglalakbay

готель
hotel
Grand
турбаза
hostel
ROOMS
EXCHANGE
обмінний пункт
tanggapan ng palitan ng pera
валіза
maleta
автомобіль
kotse

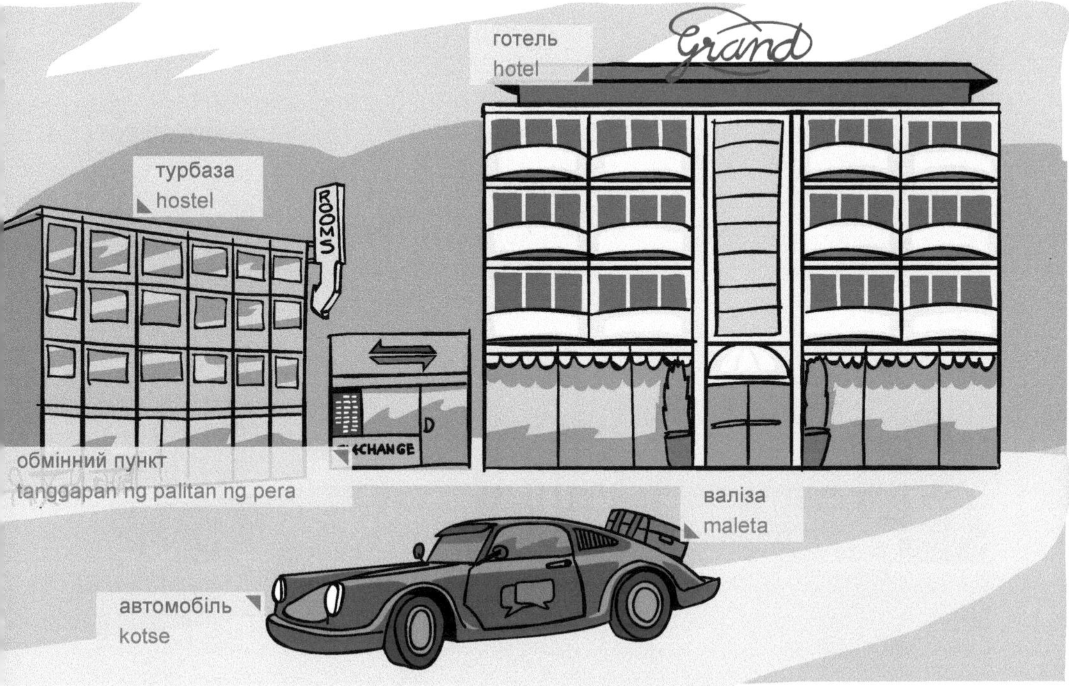

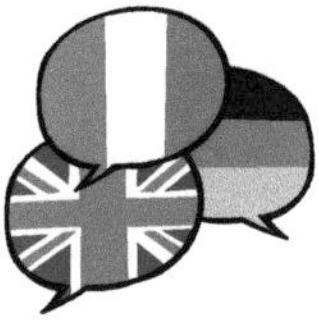

мова

wika

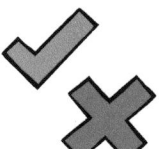

так / ні

oo / hindi

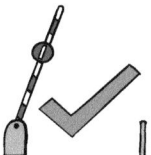

добре

Okey

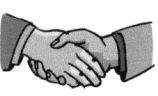

привіт

kumusta

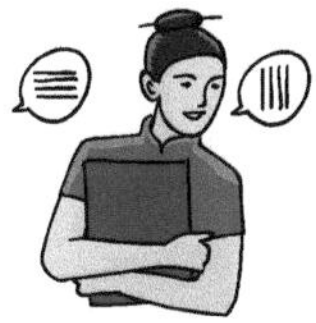

перекладач

tagapagsalin

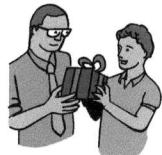

дякую

Salamat

Скільки коштує ...?

magkano ang...?

Я не розумію

Hindi ko maintindihan

проблема

problema

Добрий вечір!

Magandang gabi!

Доброго ранку!

Magandang umaga!

На добраніч!

Magandang gabi!

До побачення

paalam

напрямок

direksyon

багаж

bahage

сумка

bag

рюкзак

napsak

гість

panauhin

кімната

silid

спальний мішок

sakong tulugan

намет

tolda

туристична інформація
....
impormasyon ng turista

пляж
....
dalampasigan

кредитна картка
....
credit card

сніданок
....
almusal

обід
....
tanghalian

вечеря
....
hapunan

квиток
....
tiket

ліфт
....
elebeytor

поштова марка
....
selyo

межа
....
hangganan

митниця
....
adwana

посольство
....
embahada

віза
....
visa

паспорт
....
pasaporte

транспорт

transportasyon

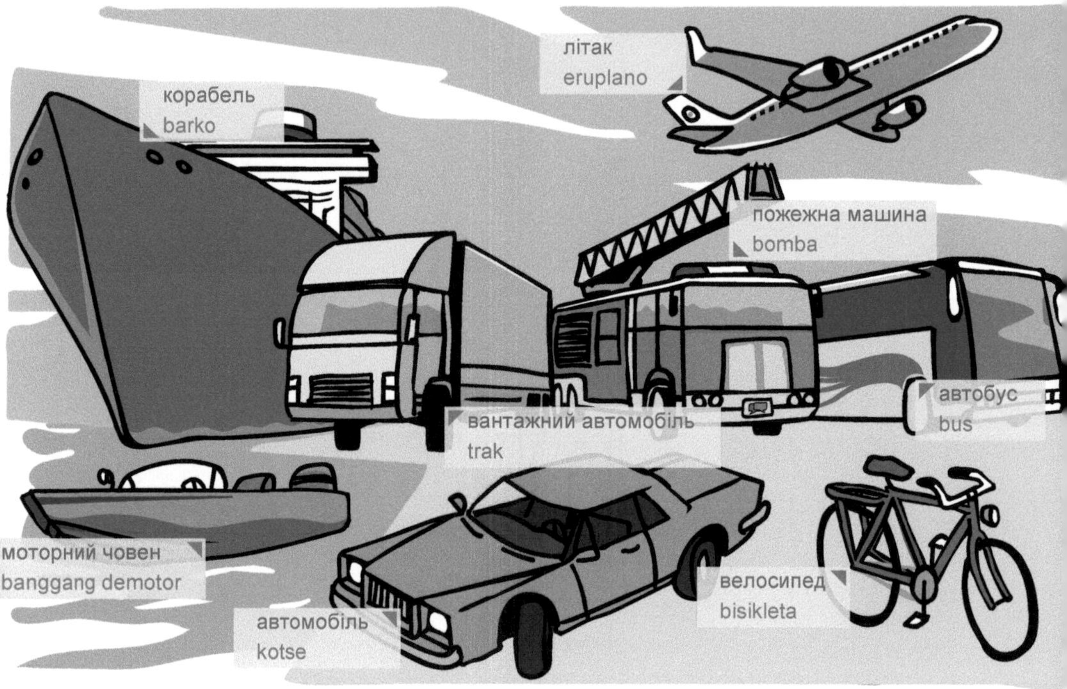
літак
eruplano
корабель
barko
пожежна машина
bomba
автобус
bus
вантажний автомобіль
trak
моторний човен
banggang demotor
велосипед
bisikleta
автомобіль
kotse

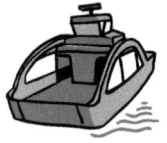

пором

lantsang pantawid

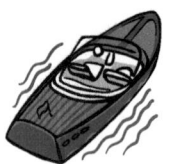

човен

bangka

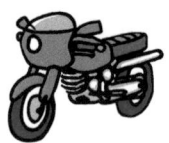

мотоцикл

motorsiklo

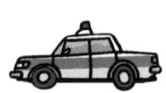

поліцейська машина

sasakyan ng pulis

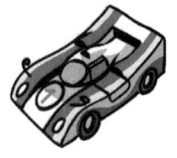

гоночний автомобіль

kotseng pangkarera

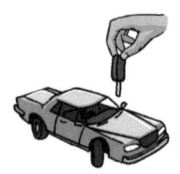

автомобіль на прокат

nirerentahang kotse

спільне користування авто

car sharing

евакуатор

trak na panghila

сміттєвоз

trak na pantapon ng basura

двигун

motor

паливо

panggatong

автозаправна станція

gasolinahan

дорожній знак

karatula ng trapiko

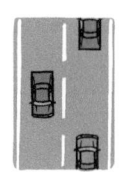

рух

trapiko

затор

masikip na trapiko

стоянка

paradahan ng kotse

вокзал

estasyon ng tren

рейки

riles

потяг

tren

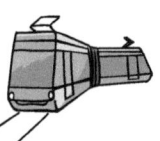

трамвай

trambya

вагон

wagon

гелікоптер

helikopter

аеропорт

paliparan

вежа

tore

пасажир

pasahero

контейнер

sisidlan

коробка

karton

візок

kariton

кошик

basket

стартувати / приземлятися

umalis / lumapag

місто

lungsod

село

nayon

центр міста

sentro ng lungsod

дім

bahay

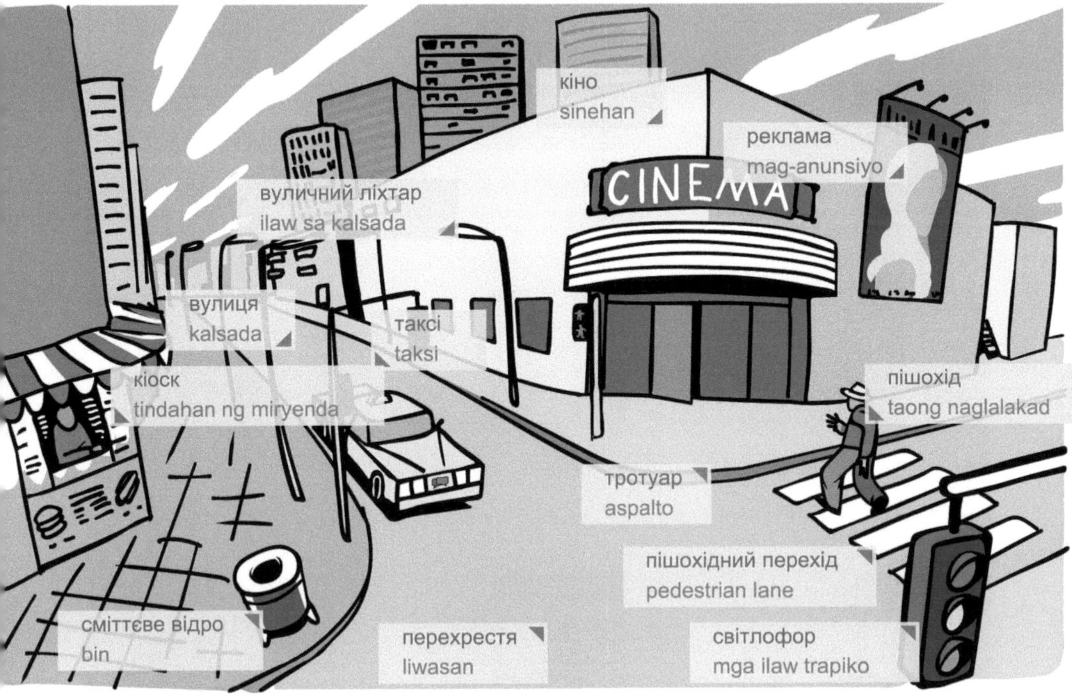

CINEMA
кіно
sinehan
реклама
mag-anunsiyo
вуличний ліхтар
ilaw sa kalsada
вулиця
kalsada
таксі
taksi
кіоск
tindahan ng miryenda
пішохід
taong naglalakad
тротуар
aspalto
пішохідний перехід
pedestrian lane
смiттєве відро
bin
перехрестя
liwasan
світлофор
mga ilaw trapiko

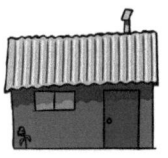

хатина

kubo

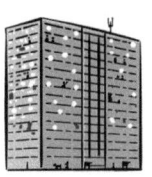

квартира

patag

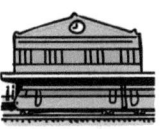

вокзал

estasyon ng tren

ратуша

munisipyo

MUSEUM

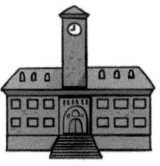

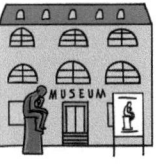

музей

museo

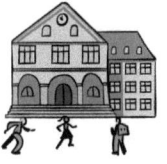

школа

paaralan

університет

unibersidad

банк

bangko

лікарня

ospital

готель

hotel

аптека

parmasya

офіс

opisina

книжковий магазин

tindahan ng aklat

магазин

tindahan

квітковий магазин

tindahan ng bulaklak

супермаркет

supermarket

ринок

palengke

універмаг

department store

торговець рибою

tindahan ng isda

торговельний центр

sentrong pamilihan

гавань

daungan

парк

parke

лава

bangko

міст

tulay

сходи

hagdan

метро

underground

тунель

tunel

автобусна зупинка

hintuan ng bus

бар

bar

ресторан

restawran

поштова скринька

kahon ng koreo

вулична табличка

karatula sa kalsada

лічильник паркування

metro ng paradahan

зоопарк

zoo

басейн

swimming pool

мечеть

moske

ферма

bukid

забруднення навколишнього середовища

polusyon

кладовище

libingan

церква

simbahan

дитячий майданчик

palaruan

храм

templo

ландшафт

tanawin

листок
dahon

вказівний стовп
posteng pananda

шлях
daan

луг
parang

камінь
bato

мандрівник
hiker

дерево
kahoy

річка
ilog

трава
damo

квітка
bulaklak

долина

lambak

гора

burol

озеро

look

ліс

kagubatan

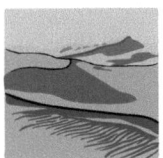

пустеля

disyerto

вулкан

bulkan

замок

kastilyo

веселка

bahaghari

гриб

kabute

пальма

palmera

комар

lamok

муха

langaw

мурашка

langgam

бджола

bubuyog

павук

gagamba

жук

salagubang

жаба

palaka

вивірка

ardilya

їжак

parkupino

заєць

liyebre

сова

kuwago

птах

ibon

лебідь

sisne

кабан

bulugan

олень

usa

лось

moose

гребля

dam

вітряк

turbina ng hangin

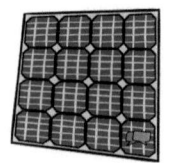

сонячний модуль

solar panel

клімат

klima

ресторан
restawran

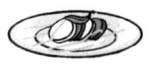

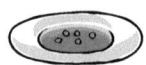

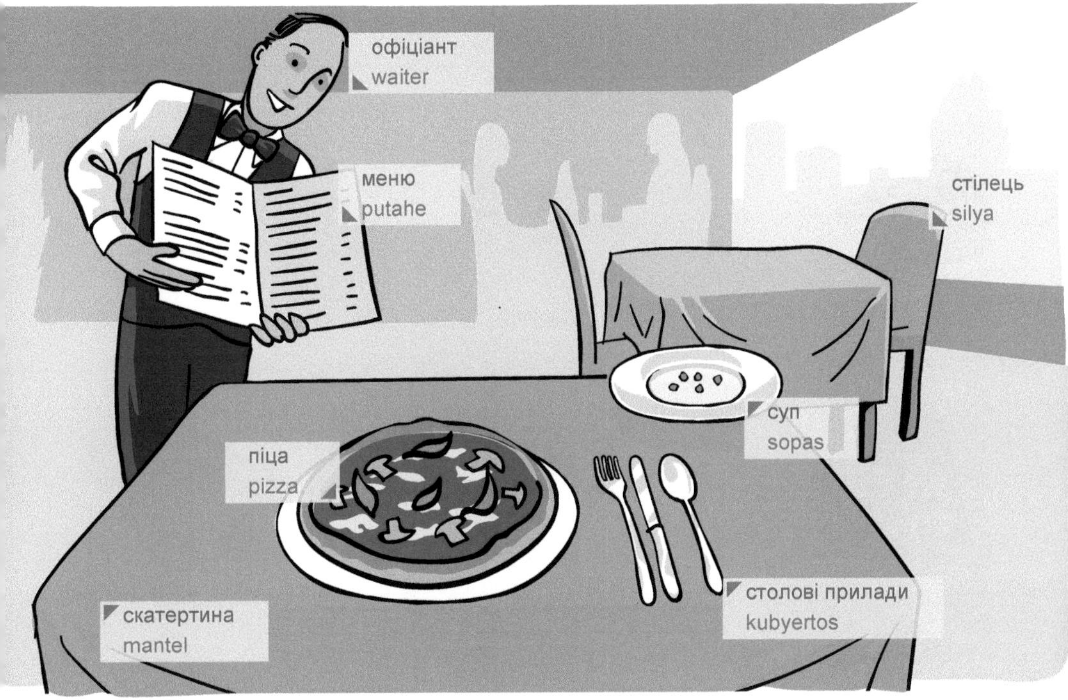
офіціант
waiter
меню
putahe
стілець
silya
суп
sopas
піца
pizza
столові прилади
kubyertos
скатертина
mantel

закуска

panimula

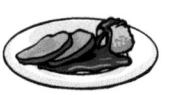

друга страва

pangunahing pagkain

десерт

panghimagas

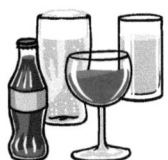

напої

inumin

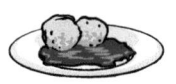

їжа

pagkain

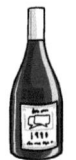

пляшка

bote

фаст-фуд

fastfood

вулична їжа

pagkaing kalye

чайник

tsarera

цукорниця

panutsa

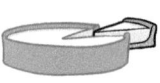

порція

bahagi

еспресо-машина

espresso machine

високий стільчик

mataas na upuan

рахунок

bayarin

піднос

bandehado

ніж

kutsilyo

вилка

tinidor

ложка

kutsara

чайна ложка

kutsarita

серветка

serviette

склянка

baso

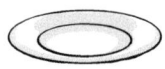

тарілка

pinggan

тарілка для супу

platong pansopas

блюдце

platito

соус

sawsawan

солонка

pangkalog ng asin

млин для перцю

panggiling ng paminta

оцет

suka

масло

langis

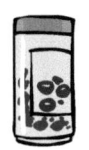

спеції

pampalasa

кетчуп

ketsup

гірчиця

mustasa

майонез

mayonnaise

супермаркет

supermarket

пропозиція
espesyal na alok
FOR
клієнт
kustomer
молочні продукти
produktong mantikilya
фрукти
prutas
візок для покупок
troli

BUTCHERS

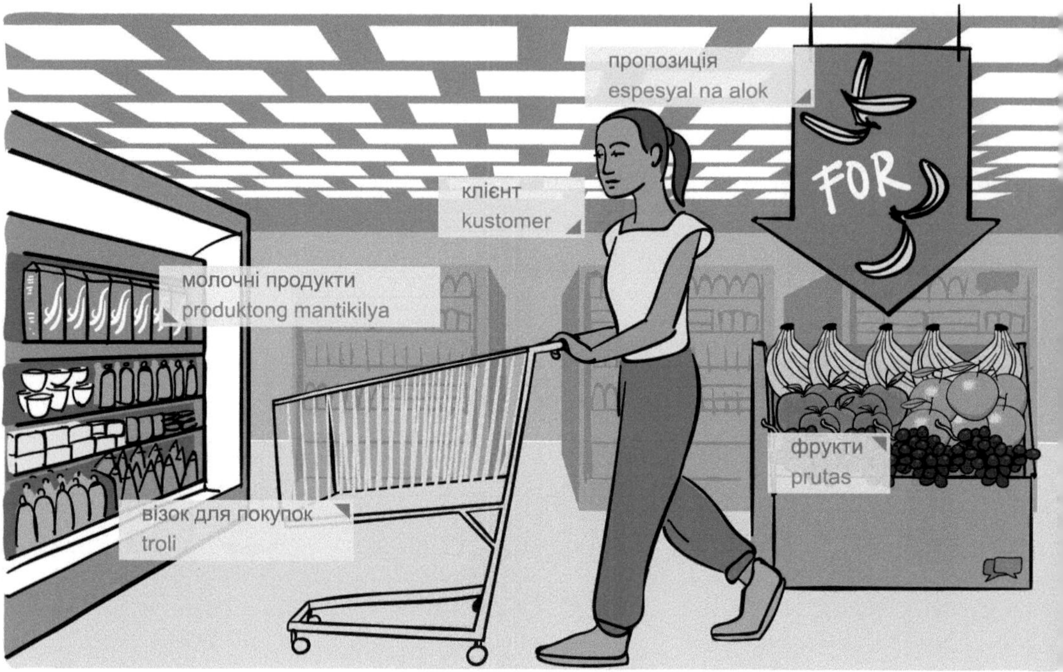

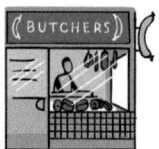

м'ясний магазин

butser

BAKERY

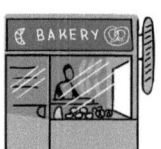

пекарня

panaderya

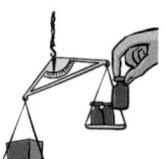

зважувати

timbang

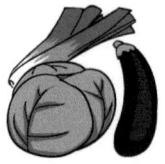

овочі

mga gulay

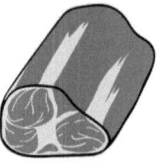

м'ясо

karne

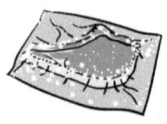

заморожені продукти

pinalamig na pagkain

ковбасна нарізка

malamig na karne

консерви

delatang pagkain

пральний порошок

pulbos na panlaba

солодощі

matatamis

предмети домашнього побуту

mga produktong pambahay

мийний засіб

mga produktong panlinis

продавщиця

tindera

каса

cash register

касир

kahera

список покупок

listahan ng pinamili

часи роботи

oras ng pagbubukas

гаманець

pitaka

кредитна картка

credit card

сумка

bag

поліетиленовий пакет

plastik bag

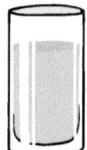

вода

tubig

сік

juice

молоко

gatas

кола

coke

вино

alak

пиво

serbesa

алкоголь

alak

какао

kakaw

чай

tsaa

кава

kape

еспресо

espresso

капучіно

cappuccino

банан

saging

яблуко

mansanas

апельсин

kahel

кавун

melon

лимон

limon

морква

carrot

часник

bawang

бамбук

kawayan

цибуля

sibuyas

гриб

kabute

горішки

mani

локшина

noodles

спагеті

spaghetti

рис

bigas

салат

ensalada

картопля фрі

chips

смажена картопля

pritong patatas

піца

pizza

гамбургер

hamburger

бутерброд

sandwich

шніцель

piraso ng karneng walang buto

шинка

hamon

салямі

salami

ковбаса

tsoriso

курка

manok

печеня

inihaw

риба

isda

вівсяні пластівці

mga porridge oat

мюслі

muesli

кукурудзяні пластівці

cornflakes

борошно

harina

круасан

croissant

булочка

rolyong tinapay

хліб

tinapay

тостовий хліб

tostado

печиво

biskuwit

масло

mantikilya

сир

keso

пиріг

keyk

яйце

itlog

яєчня

pritong itlog

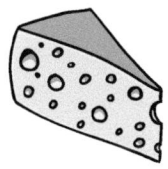

сир

keso

морозиво

sorbetes

цукор

asukal

мед

pulot

мармелад

jam

нуга-крем

tsokolateng pinapahid

карі

curry

ферма
bukid

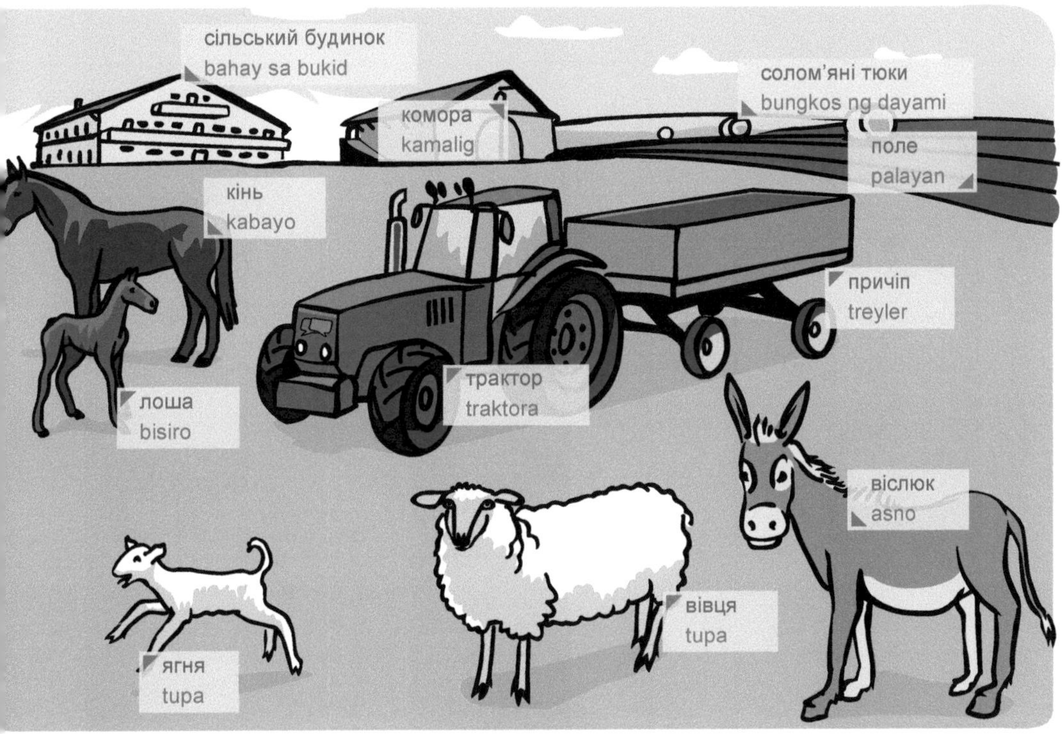
сільський будинок
bahay sa bukid
солом'яні тюки
bungkos ng dayami
комора
kamalig
поле
palayan
кінь
kabayo
причіп
treyler
трактор
traktora
лоша
bisiro
віслюк
asno
вівця
tupa
ягня
tupa

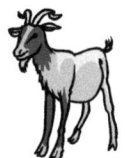

коза

kambing

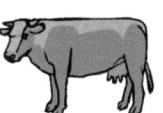

корова

baka

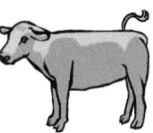

теля

guya

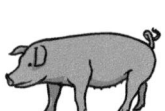

свиня

baboy

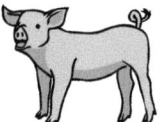

порося

biik

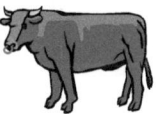

бик

toro

гусак

gansa

качка

pato

курча

sisiw

курка

inahin

півень

katyaw

щур

daga

кіт

pusa

миша

daga

віл

kapong baka

собака

aso

собача будка

bahay ng aso

садовий шланг

hose sa hardin

лійка

latang pandilig

коса

haras

плуг

araro

серп

karit

мотика

asarol

вила

tuhugin

сокира

palakol

тачка

karitela

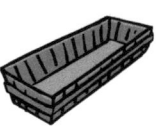

корито

sabsaban

бідон молока

lata ng gatas

мішок

sako

паркан

bakod

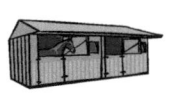

хлів

kuwadra

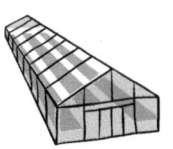

теплиця

punlaan

ґрунт

lupa

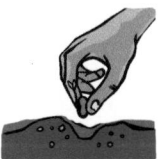

насіння

buto

добриво

pataba

комбайн

combine harvester

пожинати

mag-ani

урожай

ani

корінь ямсу

yams

пшениця

trigo

соя

soya

картопля

patatas

кукурудза

mais

ріпак

rapeseed

плодове дерево

kahoy na namumunga

маніок

kamoteng kahoy

злаки

siryal

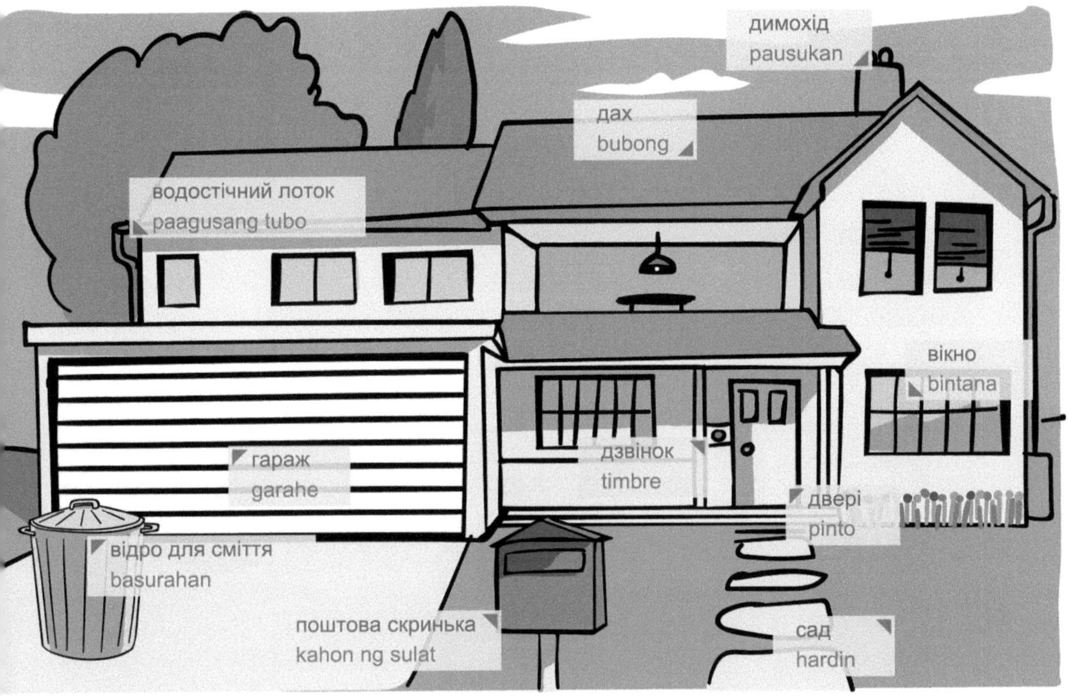

димохід
pausukan

дах
bubong

водостічний лоток
paagusang tubo

вікно
bintana

гараж
garahe

дзвінок
timbre

двері
pinto

відро для сміття
basurahan

поштова скринька
kahon ng sulat

сад
hardin

вітальня

salas

ванна кімната

palikuran

кухня

kusina

спальня

silid-tulugan

дитяча кімната

silid ng bata

їдальня

hapag-kainan

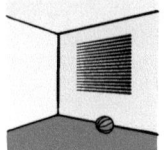

підлога

sahig

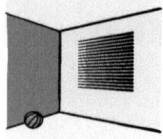

стіна

pader

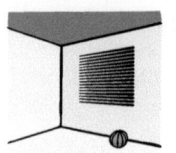

стеля

kisame

підвал

bodega ng alak

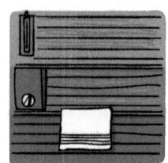

сауна

sauna

балкон

balkonahe

тераса

terasa

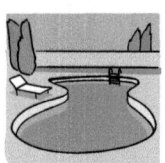

басейн

pool

косарка

pamputol ng damo

простирало

piraso ng papel

ковдра

kobrekama

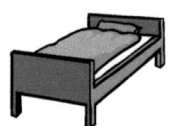

ліжко

higaan

мітла

walis

відро

timba

перемикач

pindutan

вітальня
salas

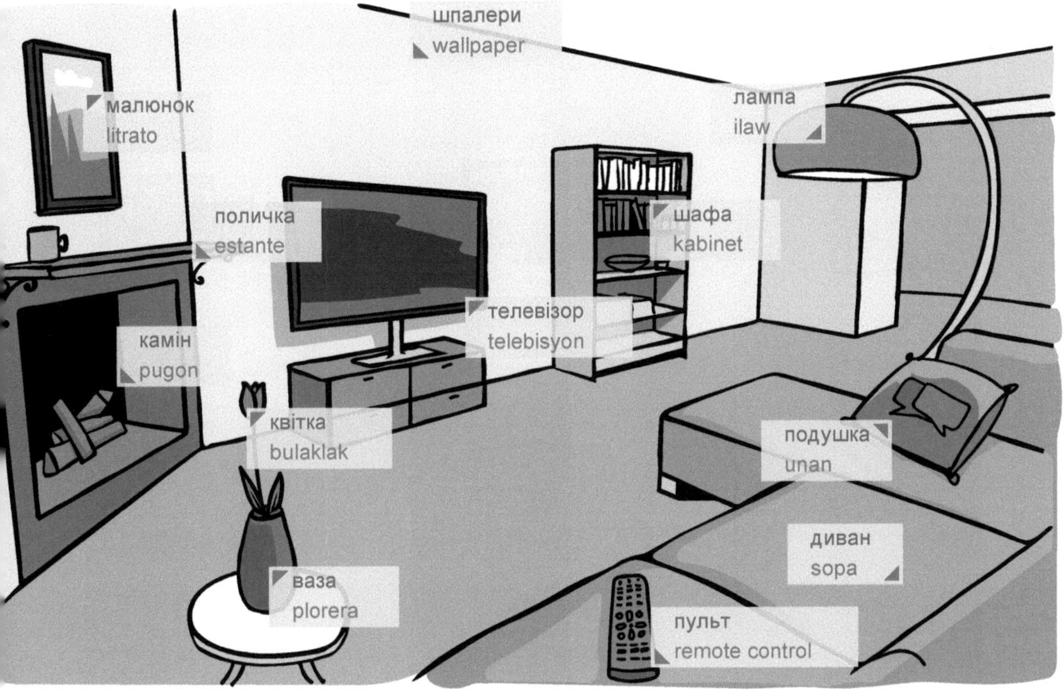
шпалери
wallpaper
малюнок
litrato
лампа
ilaw
поличка
estante
шафа
kabinet
телевізор
telebisyon
камін
pugon
квітка
bulaklak
подушка
unan
диван
sopa
ваза
plorera
пульт
remote control

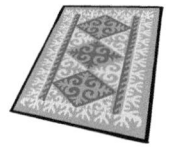

килим

karpet

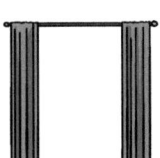

завіса

kurtina

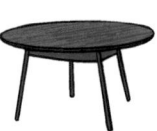

стіл

mesa

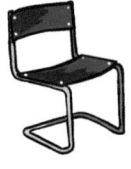

стілець

silya

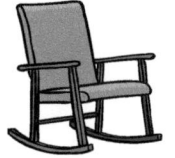

крісло-гойдалка

tumba-tumba

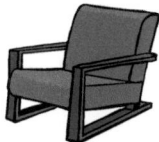

крісло

sandalan

книга

aklat

ковдра

kumot

прикраса

dekorasyon

дрова

kahoy na panggatong

фільм

pelikula

стереосистема

hi-fi

ключ

susi

газета

dyaryo

картина

pinta

плакат

poster

радіо

radyo

блокнот

kuwaderno

пилосос

vacuum cleaner

кактус

kaktus

свічка

kandila

кухня
kusina

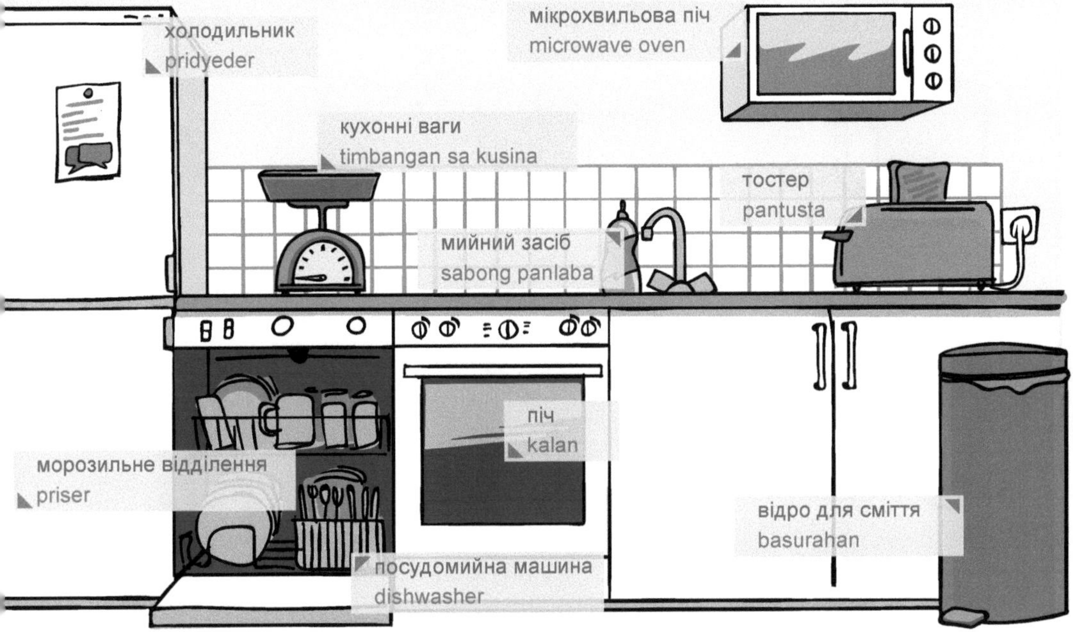
холодильник
pridyeder
мікрохвильова піч
microwave oven
кухонні ваги
timbangan sa kusina
тостер
pantusta
мийний засіб
sabong panlaba
піч
kalan
морозильне відділення
priser
відро для сміття
basurahan
посудомийна машина
dishwasher

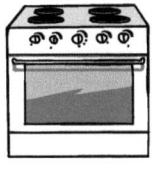

плита
lutuan

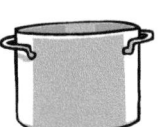

горщик
kaldero

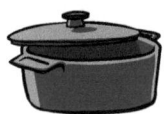

чавунний горщик
kalderong bakal

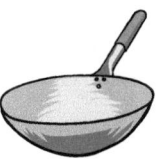

вок / кадай
wok / kadai

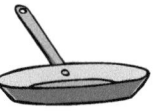

сковорода
kawali

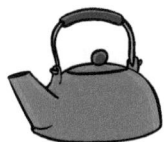

чайник
takore

пароварка

pasingawan

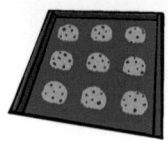

лист

bandehado sa paghuhurno

посуд

babasagin

кухоль

mug

чаша

mangkok

палички для їжі

sipit ng intsik

черпак

sandok

лопатка

spatula

вінчик для збивання

pampalis

сито

pansala

сито

salaan

терка

pangkayod

ступка

almires

барбекю

barbikyo

багаття

siga

кухня - kusina

дошка

tadtaran

качалка

rodilyo

штопор

tribuson

конзерва

lata

відкривачка

pambukas ng lata

прихватки

panghawak ng kaldero

раковина

lababo

щітка

bras

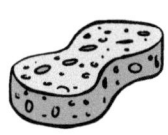

губка

espongha

міксер

blender

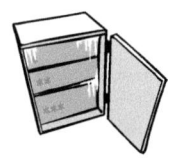

морозильна камера

malalim na freezer

дитяча пляшка

bote ng sanggol

кран

gripo

ванна кімната

palikuran

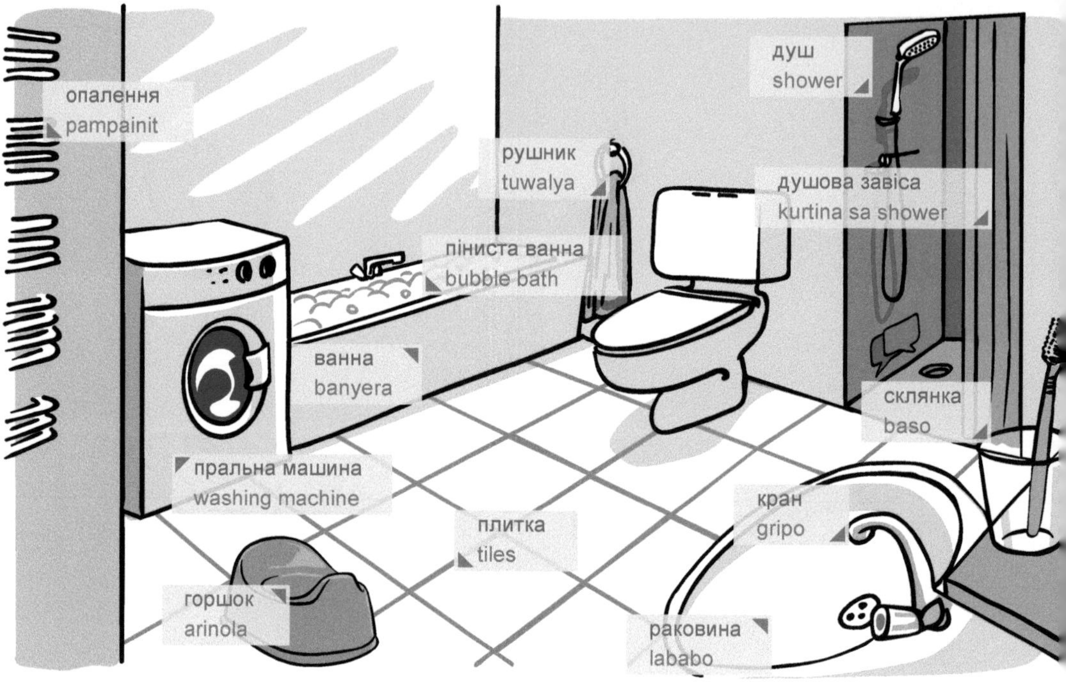
опалення
pampainit
душ
shower
рушник
tuwalya
душова завіса
kurtina sa shower
піниста ванна
bubble bath
ванна
banyera
склянка
baso
пральна машина
washing machine
кран
gripo
плитка
tiles
горшок
arinola
раковина
lababo

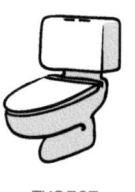

туалет

banyo

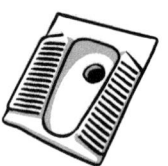

підлоговий туалет

squat toilet

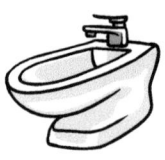

біде

bidet

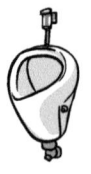

пісуар

ihian

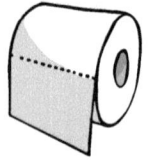

туалетний папір

toilet paper

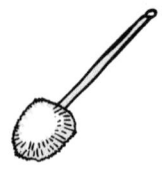

щітка для туалету

iskoba sa banyo

зубна щітка

sipilyo

зубна паста

tutpeyst

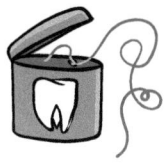

нитка для чищення зубів

dental floss

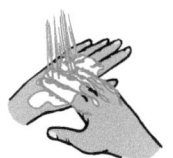

мити

hugasan

ручний душ

shower na hinahawakan

інтимний душ

dutsa

таз

palanggana

щітка для спини

bras panlikod

мило

sabon

гель для душу

shower gel

шампунь

shampoo

мочалка

pranela

водостік

paagusan

крем

krema

дезодорант

deodorant

дзеркало

salamin

косметичне дзеркало

salaming hinahawakan

бритва

pang-ahit

піна для гоління

bulang pang-ahit

лосьйон після гоління

aftershave

гребінь

suklay

щітка

brush

фен

pantuyo ng buhok

лак для волосся

sprey sa buhok

косметика

makeup

губна помада

lipistik

лак для нігтів

pampakintab ng kuko

вата

bulak na lana

ножиці для нігтів

panggupit ng kuko

парфум

pabango

косметичка

washbag

табурет

stool

ваги

timbangan

халат

bata

гумові рукавички

gomang guwantes

тампон

tampon

гігієнічні прокладки

malinis na tuwalya

біотуалет

chemical toilet

дитяча кімната

silid ng bata

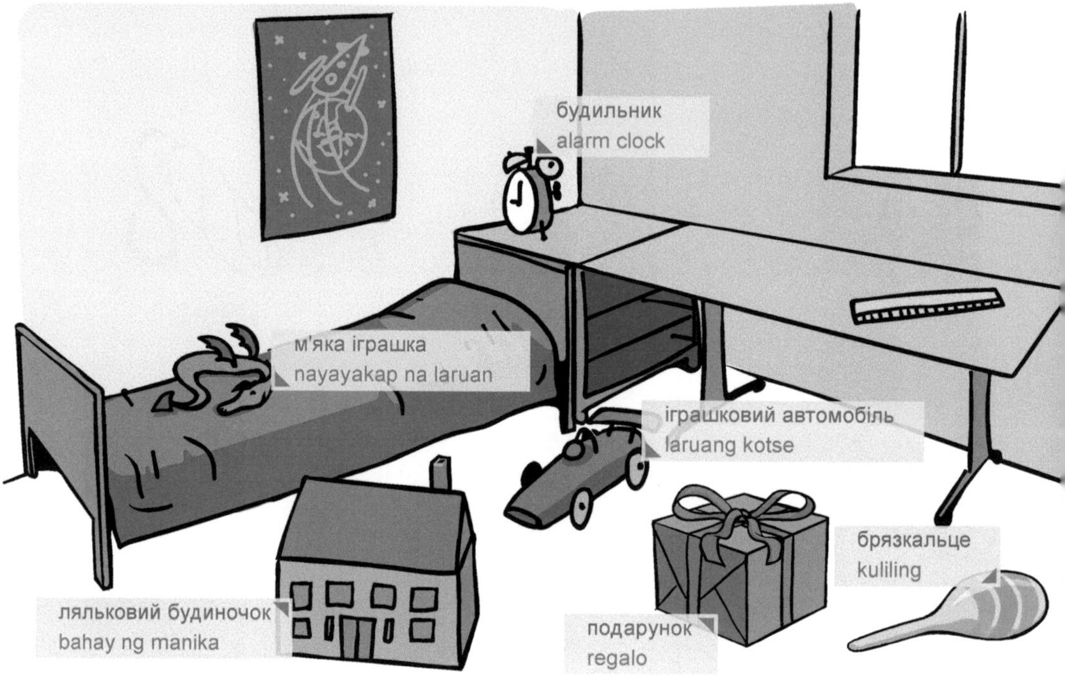

будильник
alarm clock
м'яка іграшка
nayayakap na laruan
іграшковий автомобіль
laruang kotse
брязкальце
kuliling
ляльковий будиночок
bahay ng manika
подарунок
regalo

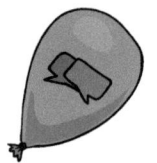

повітряна кулька

lobo

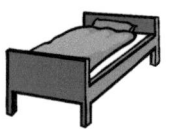

ліжко

higaan

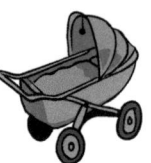

дитячий візок

pram

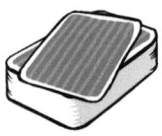

картярська гра

hanay ng mga baraha

пазл

jigsaw

SUPER
MEGA

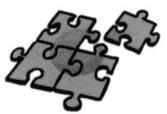

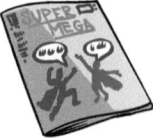

комікс

komiks

лего цеглинки

lego bricks

блоки

blokeng laruan

іграшкова фігурка

action figure

повзунки

paglaki ng sanggol

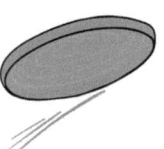

фризбі

frisbee

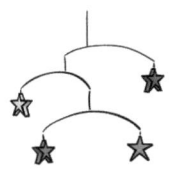

мобіле

mobile

настільна гра

board game

кубик

dice

модель залізнична станція

model train set

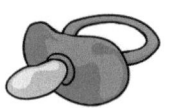

соска

manikin

вечірка

salu-salo

книжка з картинками

aklat ng mga litrato

м'яч

bola

лялька

manika

грати

maglaro

пісочниця

tibagan ng buhangin

гойдалка

duyan

іграшка

mga laruan

гральна консоль

video game console

триколісний велосипед

traysikel

плюшевий мішка

teddy bear

шафа

aparador

одяг

pananamit

шкарпетки

medyas

панчохи

stockings

колготки

pampitis

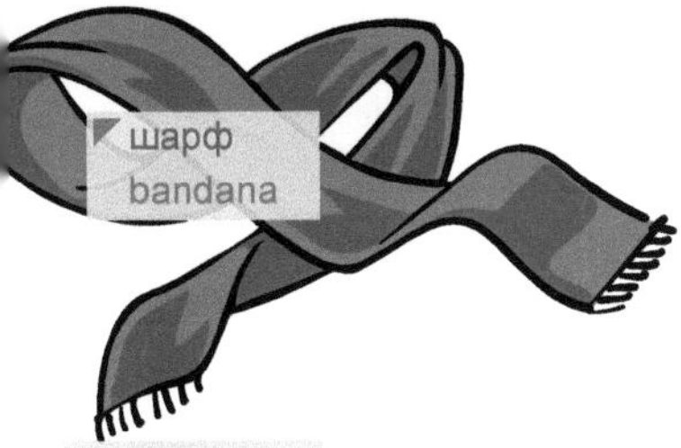

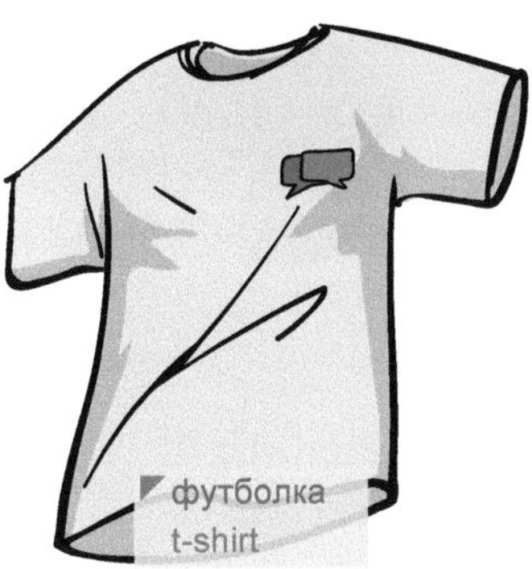

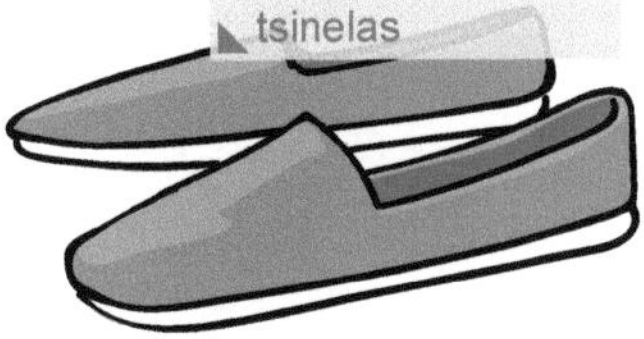

шарф
bandana

ремінь
sinturon

парасоля
payong

футболка
t-shirt

кросівки
sneakers

чоботи
bota

домашнє взуття
tsinelas

сандалі
sandalyas

взуття
sapatos

гумові чоботи
botang degoma

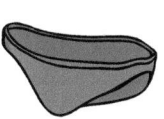

труси
salawal

бюстгальтер
bra

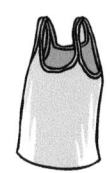

нижня сорочка
tsaleko

боді

katawan

штани

pantalon

джинси

jeans

спідниця

palda

блузка

blusa

сорочка

kamiseta

пуловер

pullover

светр

panlamig

піджак

blazer

куртка

diyaket

пальто

kapa

дощовик

kapote

костюм

kasuotan

сукня

bistida

весільна сукня

damit pangkasal

костюм

terno

нічна сорочка

damit pantulog

піжама

padyama

сарі

sari

головна хустка

bandana sa ulo

чалма

turban

бурка

burka

кафтан

kaftan

абая

abaya

купальник

panlangoy

плавки

trunks

шорти

salawal

тренувальний костюм

tracksuit

фартух

apron

рукавички

guwantes

гудзик

butones

окуляри

salamin

браслет

pulseras

ланцюг

kuwintas

кільце

singsing

сережка

hikaw

шапка

takip

плічка

sabitan ng kapa

капелюх

sombrero

краватка

kurbata

застібка-блискавка

siper

шолом

helmet

підтяжки

tirante

шкільна форма

uniporme sa paaralan

уніформа

uniporme

нагрудник

bibero

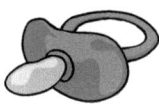

соска

manikin

підгузок

lampin

офіс

opisina

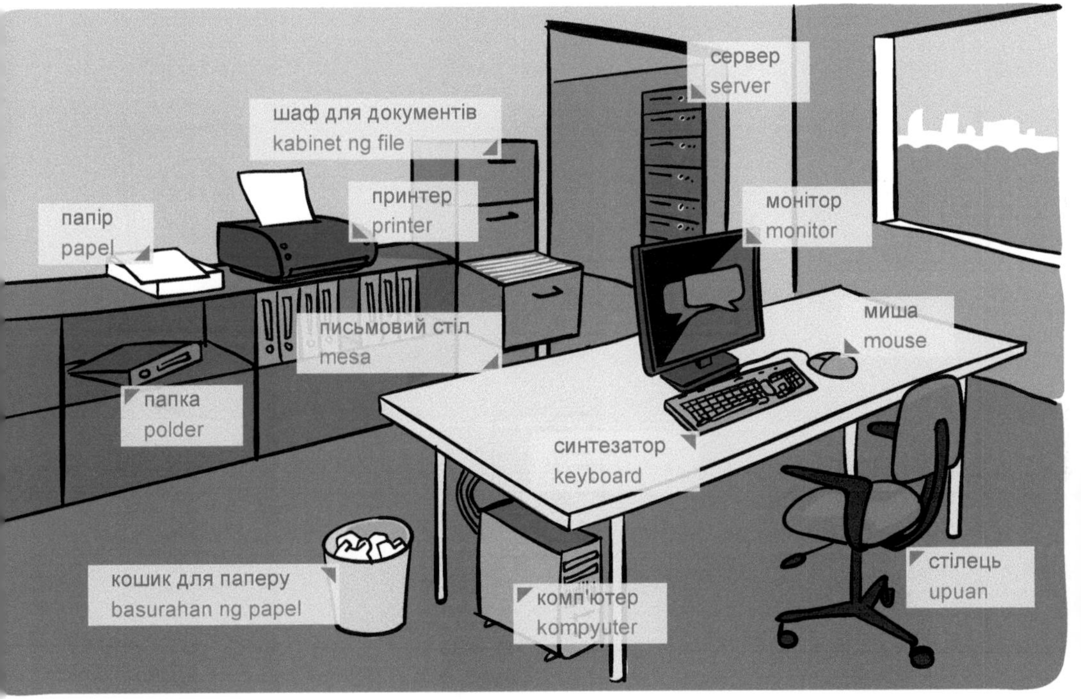

сервер
server

шаф для документів
kabinet ng file

принтер
printer

монітор
monitor

папір
papel

миша
mouse

папка
polder

письмовий стіл
mesa

синтезатор
keyboard

кошик для паперу
basurahan ng papel

комп'ютер
kompyuter

стілець
upuan

кавовий кухоль

tasa ng kape

калькулятор

calculator

інтернет

internet

ноутбук

laptop

лист

sulat

повідомлення

mensahe

мобільний телефон

mobile

мережа

network

копіювальний пристрій

photocopier

програмне забезпечення

software

телефон

telepono

розетка

saksakan

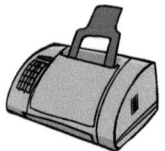

факс

fax machine

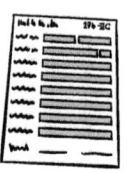

бланк

anyo

документ

dokumento

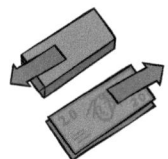

купувати

bumili

платити

magbayad

торгувати

ikalakal

гроші

pera

USD

долар

dolyar

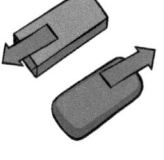

EUR

євро

euro

JPY

ієна

yen

RUB

рубль

rublo

CHF

франк

swiss franc

CNY

юанів женьміньбі

renminbi yuan

INR

рупія

rupee

банкомат

cash point

обмінний пункт

tanggapan ng palitan ng pera

золото

ginto

срібло

tanso

нафта

langis

енергія

enerhiya

ціна

presyo

контракт

kontrata

податок

buwis

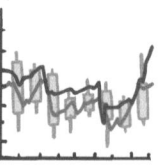

акція

stock

працювати

trabaho

працівник

empleyado

роботодавець

taga-empleyo

фабрика

pabrika

магазин

tindahan

професії

mga trabaho

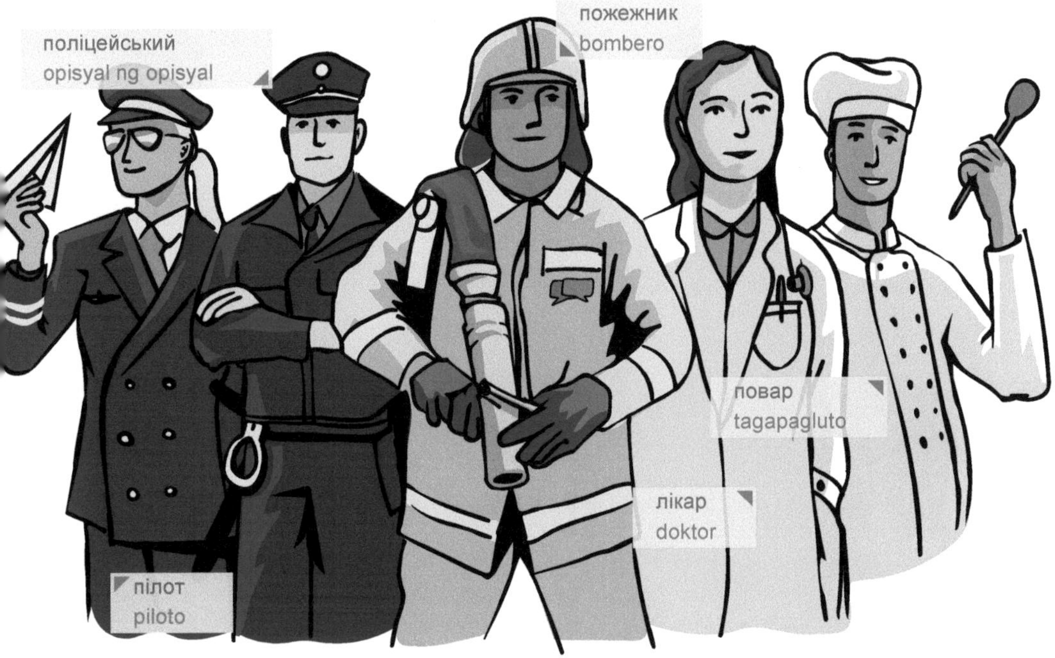
поліцейський
opisyal ng opisyal
пожежник
bombero
повар
tagapagluto
лікар
doktor
пілот
piloto

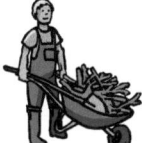

садівник

hardinero

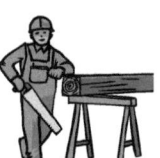

столяр

karpentero

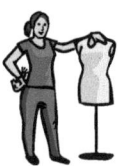

швачка

mananahi

суддя

hukom

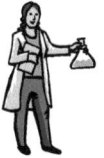

хімік

kemiko

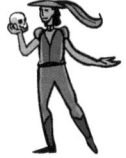

актор

aktor

водій автобуса

tsuper ng bus

таксист

tsuper ng taxi

рибалка

mangingisda

прибиральниця

tagapaglinis

покрівельник

tagapagkabit ng bubong

офіціант

waiter

мисливець

mangangaso

художник

pintor

пекар

panadero

електрик

elektrisyan

будівельник

tagapagtayo

інженер

inhinyero

забійник

magkakarne

бляхар

tubero

листоноша

kartero

професії - mga trabaho

солдат
sundalo

архітектор
arkitekto

касир
kahera

флорист
magtitinda ng bulaklak

перукар
manggugupit

кондуктор
konduktor

механік
mekaniko

капітан
kapitan

дантист
dentista

вчений
siyentipiko

рабин
rabbi

імам
imam

монах
monghe

пастор
klero

інструменти
mga kagamitan

молоток
martilyo
щипці
plais
викрутка
distornilyador
гайковий ключ
lyabe
кишеньковий лі
tanglaw

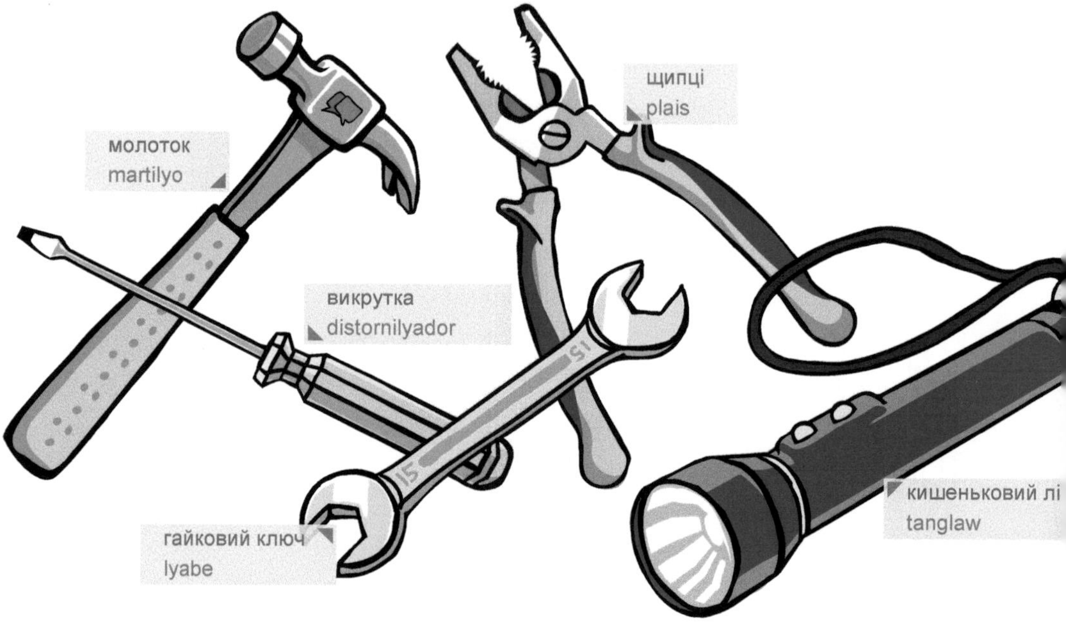

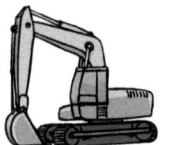

екскаватор

panghukay

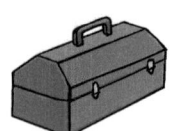

ящик для інструментів

toolbox

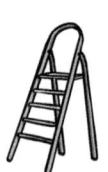

драбина

hagdan

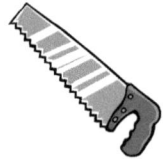

пилка

lagari

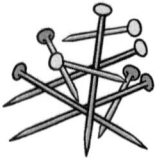

цвяхи

mga pako

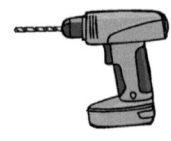

свердло

pambutas

ремонтувати

kumpunihin

лопата

pala

лайно!

Kainis!

совок

pandakot

відро з фарбою

palayok ng pintura

гвинти

mga tornilyo

музичні інструменти
mga pangmusikang instrumento

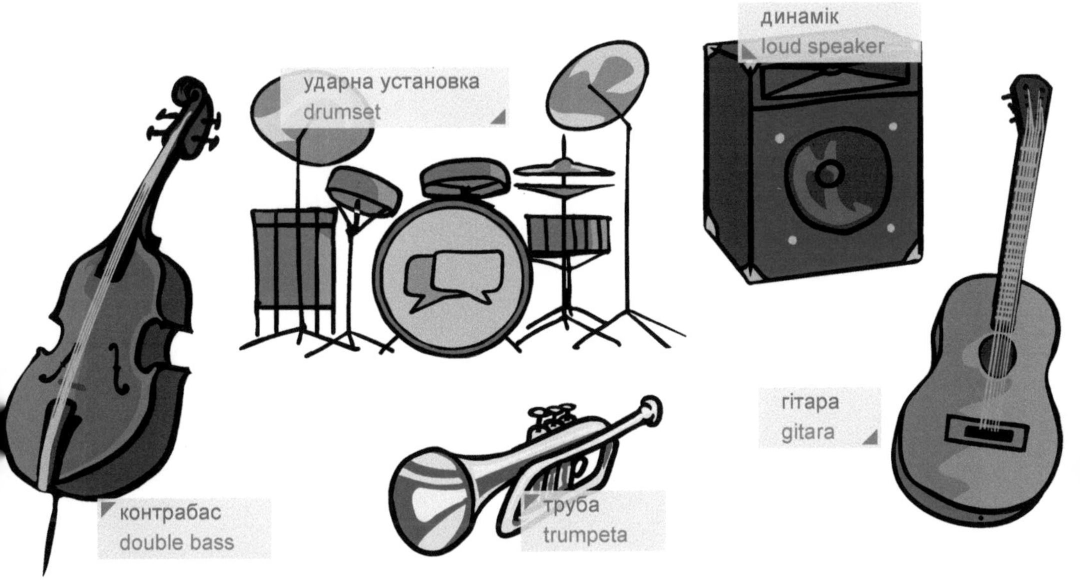

ударна установка
drumset

динамік
loud speaker

гітара
gitara

контрабас
double bass

труба
trumpeta

фортепіано

piyano

скрипка

biyolin

бас

bass

литаври

timpani

барабан

mga drum

клавіатура

keyboard

саксофон

saksopon

флейта

plauta

мікрофон

mikropono

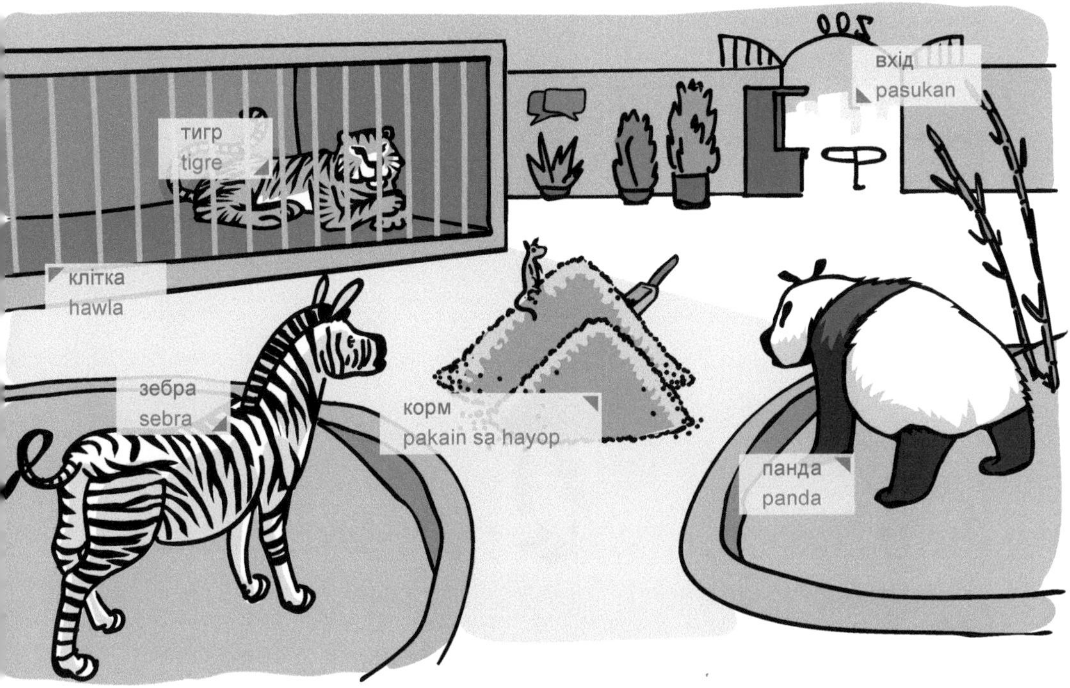

тигр
tigre

вхід
pasukan

клітка
hawla

зебра
sebra

корм
pakain sa hayop

панда
panda

тварини
mga hayop

слон
elepante

кенгуру
kanggaro

носоріг
rhino

горила
gorilya

ведмідь
oso

верблюд

kamelyo

страус

ostrich

лев

leon

мавпа

unggoy

фламінго

flamingo

папуга

loro

білий ведмідь

polar bear

пінгвін

penguin

акула

pating

павич

paboreal

змія

ahas

крокодил

buwaya

працівник зоопарку

tagapag-alaga ng zoo

тюлень

seal

ягуар

jaguar

поні

buriko

леопард

leopardo

гіпопотам

hipo

жираф

dyirap

орел

agila

кабан

bulugan

риба

isda

черепаха

pagong

морж

walrus

лисиця

soro

газель

gasel

американський футбол
Amerikanong putbol

їзда на велосипеді
pamimisikleta

теніс
tennis

баскетбол
basketbol

плавання
paglalangoy

бокс
boksing

хокей
ice-hockey

футбол
soccer

бадмінтон
badminton

легка атлетика
atletiks

гандбол
handball

лижні перегони
skiing

поло
polo

дії

mga aktibidad

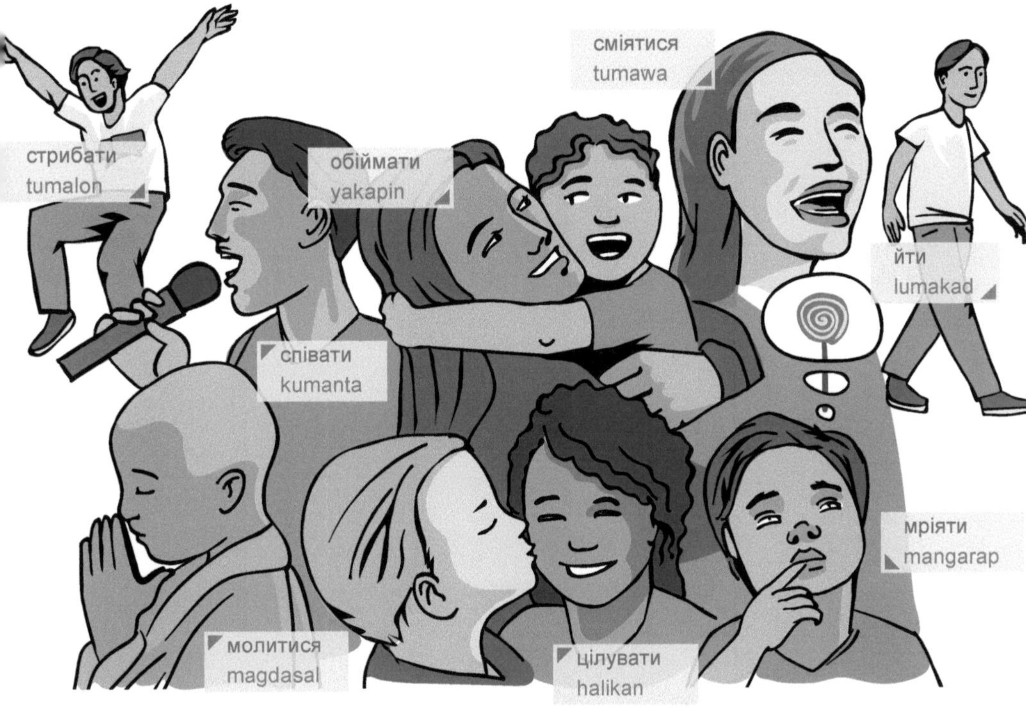
сміятися
tumawa
стрибати
tumalon
обіймати
yakapin
йти
lumakad
співати
kumanta
мріяти
mangarap
молитися
magdasal
цілувати
halikan

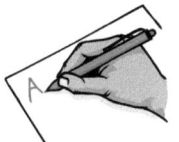

писати

sumulat

малювати

gumuhit

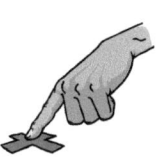

показувати

ipakita

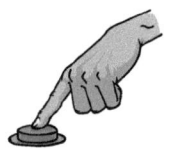

тиснути

itulak

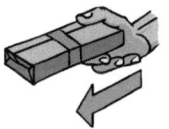

давати

magbigay

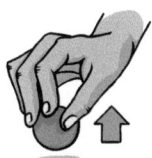

брати

kunin

мати

magkaroon

робити

gawin

бути

maging

стояти

tumayo

бігати

tumakbo

тягнути

hilahin

кидати

itapon

падати

malaglag

лежати

mahiga

очікувати

hintayin

носити

dalhin

сидіти

umupo

одягати

magbihis

спати

matulog

просипатися

gumising

дивитися
tumingin

плакати
umiyak

гладити
estilo

розчісувати
magsuklay

розмовляти
magsalita

розуміти
intindihin

питати
magtanong

слухати
makinig

пити
uminom

їсти
kumain

прибирати
linisin

любити
mahal

варити
magluto

їхати
magmaneho

літати
lumipad

йти під вітрилом

maglayag

рахувати

kalkulahin

читати

basahin

вчитися

matuto

працювати

trabaho

одружуватися

pakasalan

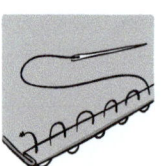

шити

tahiin

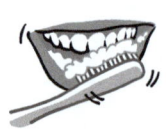

чистити зуби

magsipilyo ng ngipin

убивати

patayin

курити

manigarilyo

посилати

magpadala

сім'я

pamilya

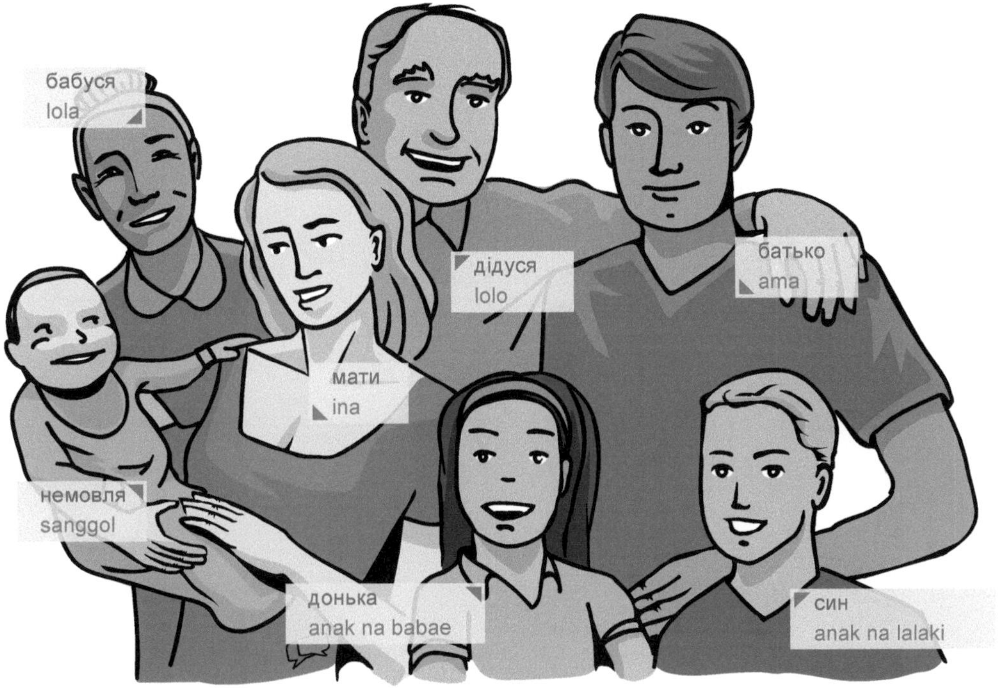

бабуся
lola
дідуся
lolo
батько
ama
мати
ina
немовля
sanggol
донька
anak na babae
син
anak na lalaki

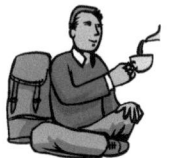

гість

panauhin

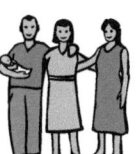

тітка

tiya

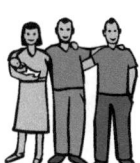

дядько

tiyo

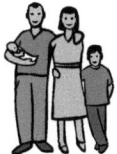

брат

kuya

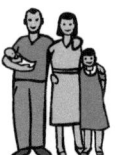

сестра

ate

тіло
katawan

чоло
поо
око
mata
плече
balikat
палець
daliri
обличчя
mukha
підборіддя
baba
кисть
kamay
груди
suso
нога
binti
рука
bisig

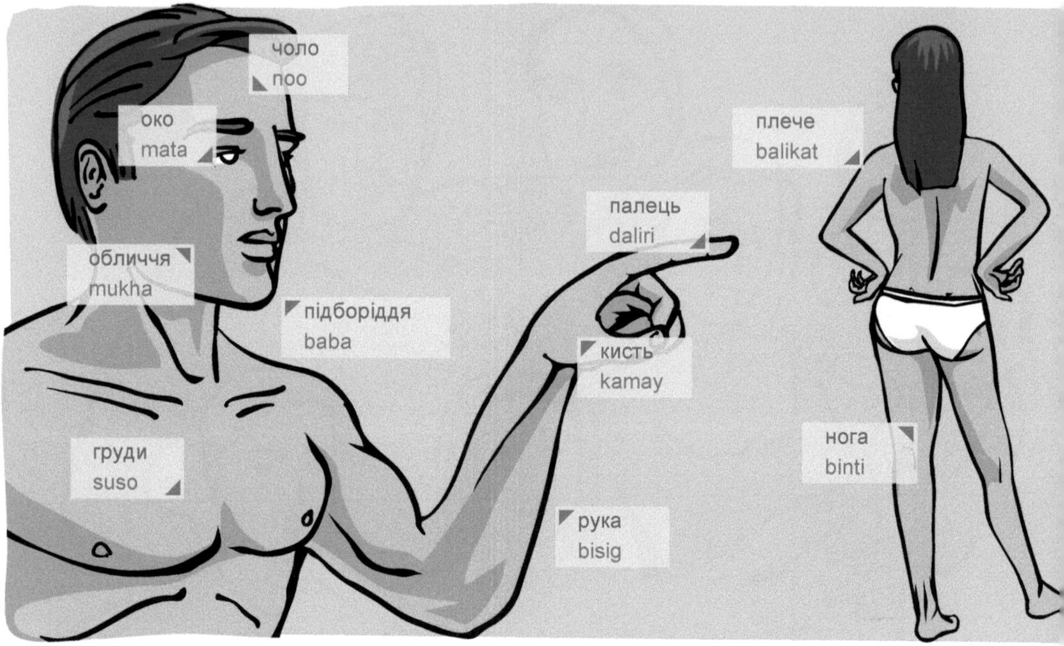

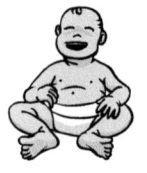

немовля

sanggol

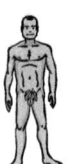

чоловік

lalaki

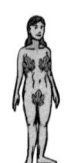

жінка

babae

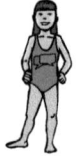

дівчина

batang babae

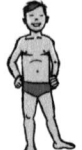

хлопчик

batang lalaki

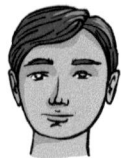

голова

ulo

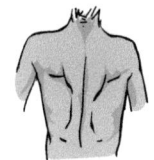

спина

likod

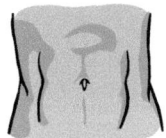

живіт

tiyan

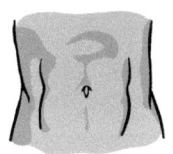

пуп

pusod

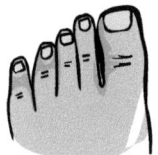

палець ноги

daliri ng paa

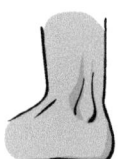

п'ята

takong

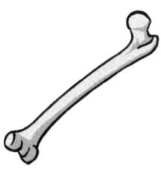

кістка

buto

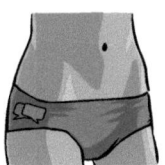

стегно

balakang

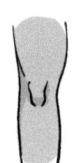

коліно

tuhod

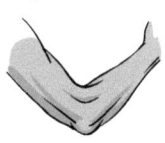

лікоть

siko

ніс

ilong

сідниці

gitna

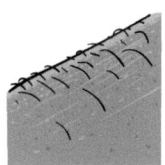

шкіра

balat

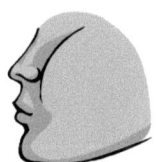

щока

pisngi

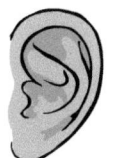

вухо

tainga

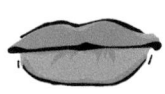

губа

labi

тіло - katawan

рот

bibig

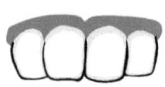

зуб

ngipin

язик

dila

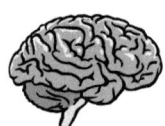

мозок

utak

серце

puso

м'яз

kalamnan

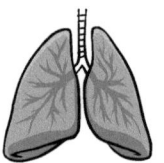

легені

baga

печінка

atay

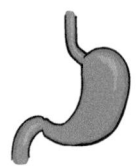

шлунок

sikmura

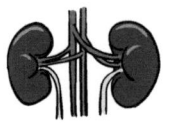

нирки

mga bato

статевий акт

pagtatalik

презерватив

kondom

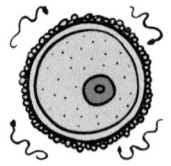

яйцеклітина

obyum

сперма

semen

вагітність

pagbubuntis

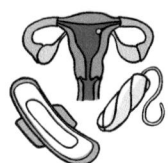

менструація

pagreregla

вагіна

vagina

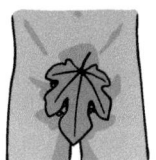

пеніс

ari ng lalaki

брова

kilay

волосся

buhok

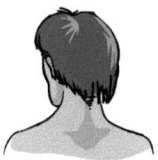

шия

leeg

лікарня

ospital

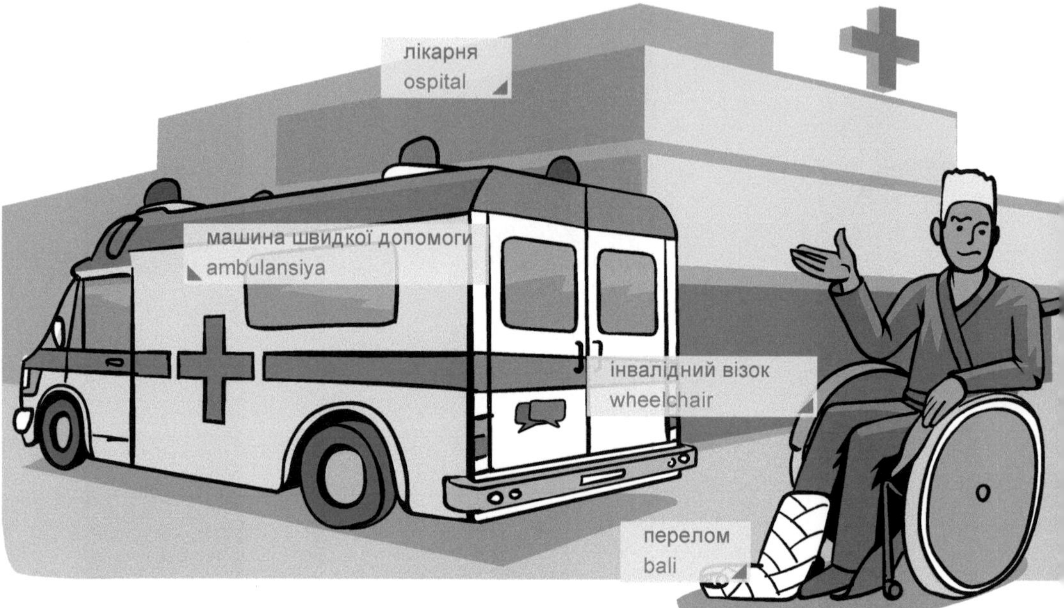

лікарня
ospital
машина швидкої допомоги
ambulansiya
інвалідний візок
wheelchair
перелом
bali

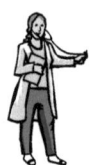

лікар
doktor

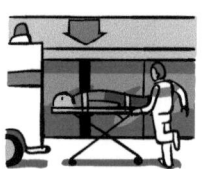

відділення швидкої медичної допомоги
silid pang-emergency

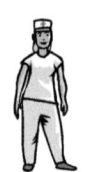

медсестра
nars

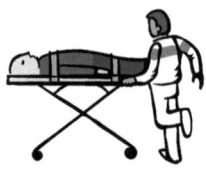

аварійний випадок
emerhensiya

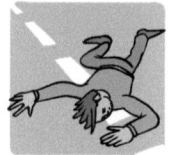

непритомний
walang malay

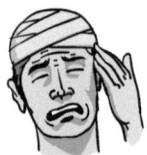

біль
pananakit

травма

pinsala

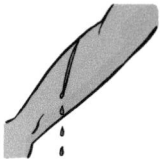

кровотеча

nagdurugo

інфаркт

atake sa puso

інсульт

atake serebral

алергія

alerdye

кашель

ubo

лихоманка

lagnat

грип

trangkaso

пронос

pagdudumi

головна біль

sakit ng ulo

рак

kanser

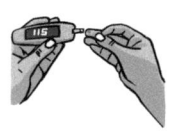

діабет

diyabetis

хірург

siruhano

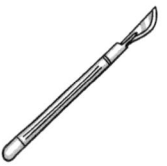

скальпель

iskalpel

операція

operasyon

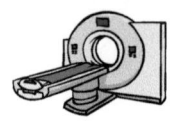

КТ
CT

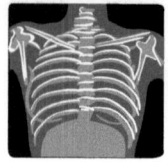

рентген
x-ray

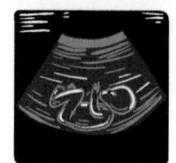

ультразвук
ultrasound

маска
maskara sa mukha

хвороба
sakit

зал очікування
silid-antayan

милиця
saklay

пластир
plaster

пов'язка
benda

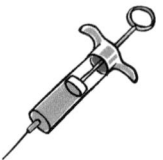

ін'єкція
iniksyon

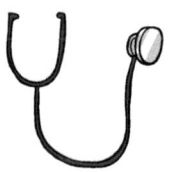

стетоскоп
istetoskopyo

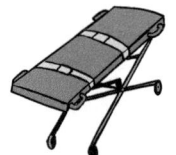

ноші
estretser

термометр
klinikal na termometro

народження
pagsilang

надмірна вага
labis sa timbang

слуховий апарат

hearing-aid

дезінфікуючий засіб

pang-disimpekta

інфекція

impeksyon

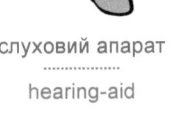

вірус

bayrus

ВІЛ / СНІД

HIV / AIDS

медицина

medisina

вакцинація

bakuna

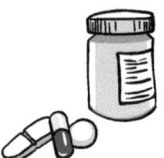

таблетки

mga tableta

протизаплідна пігулка

tabletas

екстрений виклик

emergency na tawag

тонометр

pagmamatyag sa presyon
ng dugo

хворий / здоровий

may sakit / malusog

Допоможіть!

Tulong!

сигнал тривоги

alarma

напад

asulto

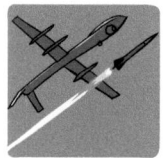

атака

atake

небезпека

panganib

аварійний вихід

labasang pang-emergency

Вогонь!

Sunog!

вогнегасник

fire extinguisher

аварія

aksidente

аптечка

kagamitan sa paunang lunas

СОС

SOS

поліція

pulis

Європа

Europa

Північна Америка

Hilagang Amerika

Південна Америка

Timog Amerika

Африка

Aprika

Азія

Asya

Австралія

Australia

Атлантика

Atlantika

Тихий океан

Pasipiko

Індійський океан

Dagat Indiano

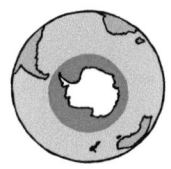

Антарктичний океан

Dagat Antarktika

Північний Льодовитий
океан

Dapat Arktika

Північний полюс

Hilagang polo

Південний полюс
Timog polo

Антарктика
Antartika

Земля
mundo

суша
lupa

море
dagat

острів
isla

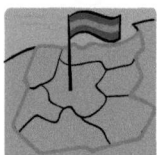

нація
bansa

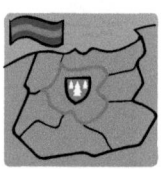

держава
estado

циферблат

mukha ng orasan

годинникова стрілка

orasang kamay

хвилинна стрілка

minutong kamay

секундна стрілка

segundong kamay

Котра година?

Anong oras na?

день

araw

час

oras

зараз

ngayon

цифровий годинник

digital na relo

хвилина

minuto

година

oras

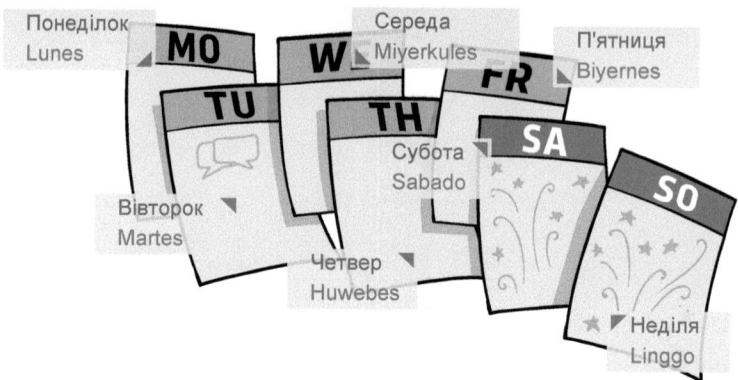

Понеділок
Lunes

Середа
Miyerkules

П'ятниця
Biyernes

Вівторок
Martes

Четвер
Huwebes

Субота
Sabado

Неділя
Linggo

вчора

kahapon

сьогодні

ngayon

завтра

bukas

ранок

umaga

опівдні

tanghali

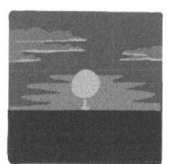

вечір

gabi

робочі дні

mga araw ng negosyo

кінець робочого тижня

katapusan ng linggo

рік

taon

дощ
ulan
веселка
bahaghari
вітер
hangin
сніг
niyebe
весна
tagsibol
осінь
taglagas
літо
tag-init
зима
taglamig

4.APRIL 11°
5.APRIL 4°
6.APRIL 13°
7.APRIL 8°
8.APRIL 10°

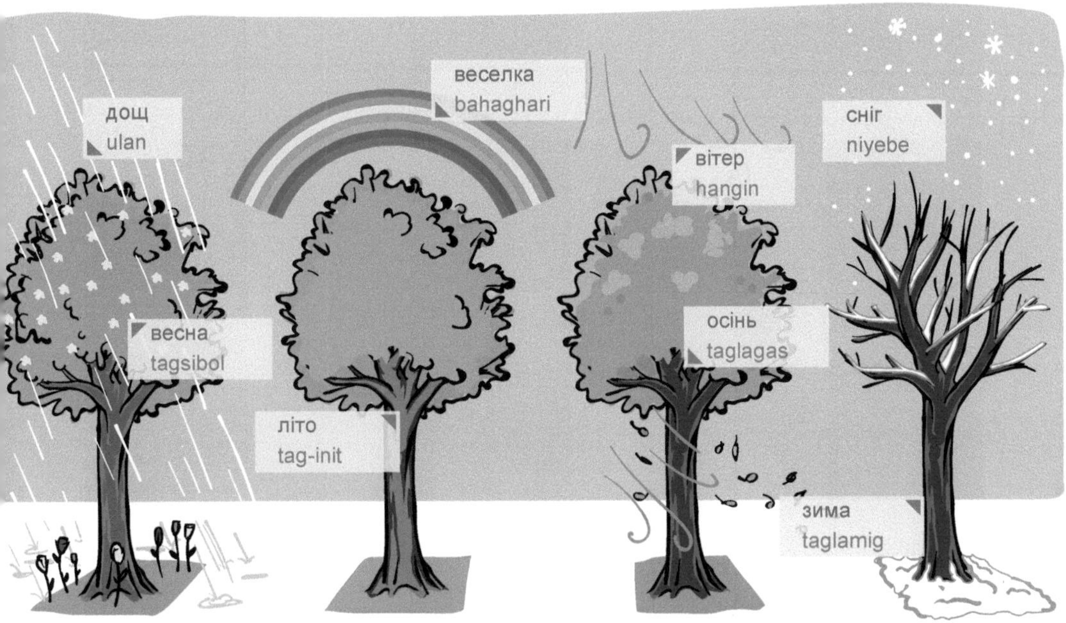

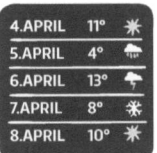

прогноз погоди

lagay ng panahon

F
C
120
90
60
30
0
-30
40
30
20
10
0
-10
-20

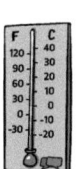

термометр

termometro

сонячне світло

sikat ng araw

хмара

ulap

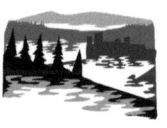

туман

hamog

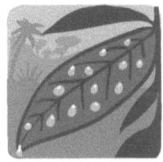

вологість повітря

kahalumigmigan

блискавка

kidlat

грім

kulog

шторм

bagyo

град

may yelong ulan

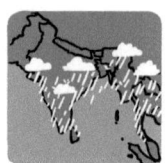

мусон

tag-ulan

повінь

pagkain

лід

yelo

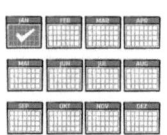

Січень

Enero

Лютий

Pebrero

Березень

Marso

Квітень

Abril

Травень

Mayo

Червень

Hunyo

Липень

Hulyo

Серпень

Agosto

Вересень
....
Setyembre

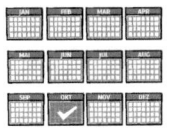

Жовтень
....
Oktubre

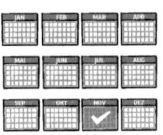

Листопад
....
Nobyembre

Грудень
....
Disyembre

форми
mga hugis

круг
....
bilog

квадрат
....
parisukat

прямокутник
....
rektanggulo

трикутник
....
tatsulok

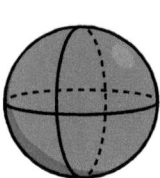

куля
....
pabilog

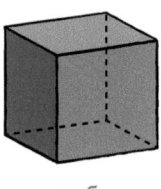

куб
....
kyub

фарби

mga kulay

білий

puti

жовтий

dilaw

помаранчевий

kahel

рожевий

rosas

червоний

pula

фіолетовий

ube

синій

asul

зелений

berde

коричневий

brown

сірий

grey

чорний

itim

багато / мало

marami / kakaunti

лютий / мирний

takot / kalmado

гарний / бридкий

maganda / pangit

початок / кінець

simula / katapusan

великий / малий

malaki / maliit

світлий / темний

matingkad / madilim

брат / сестра

kuya / ate

чистий / брудний

malinis / madumi

завершений / незавершений

kumpleto / kulang

день / ніч

araw / gabi

мертвий / живий

patay / buhay

широкий / вузький

malawak / makipot

їстівний / неїстівний

nakakain / hindi nakakain

злий / дружній

masama / mabuti

збуджений / нудьгуючий

nakakatuwa / nakakainip

товстий / тонкий

mataba / payat

спочатку / востаннє

una / huli

друг / ворог

kaibigan / kaaway

повний / порожній

puno / walang laman

жорсткий / м'який

matigas / malambot

важкий / легкий

mabigat / magaan

голод / спрага

gutom / uhaw

хворий / здоровий

may sakit / malusog

незаконний / законний

ilegal / legal

розумний / дурний

matalino / tanga

вліво / вправо

kaliwa / kanan

поруч / далеко

malapit / malayo

новий / використаний

bago /gamit na

нічого / щось

wala /mayroon

старий / молодий

matanda / bata

вкл / викл

naka-on / naka-off

відкрито / закрито

bukas / sarado

тихо / гучно

tahimik / maingay

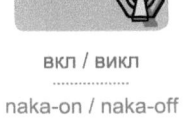

багатий / бідний

mayaman / mahirap

правильно / неправильно

tama / mali

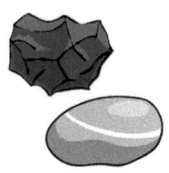

шорсткий / гладкий

magaspang / makinis

сумний / щасливий

malungkot / masaya

короткий / довгий

maikli / mahaba

повільно / швидко

mabagal / mabilis

вологий / сухий

basa / tuyo

гарячий / холодний

maligamgam / malamig

війна / мир

digmaan / kapayapaan

числа

mga numero

0

нуль

sero

1

один

isa

2

два

dalawa

3

три

tatlo

4

чотири

apat

5

п'ять

lima

6

шість

anim

7

сім

pito

8

вісім

walo

9

дев'ять

siyam

10

десять

sampu

11

одинадцять

labing-isa

12

дванадцять

labindalawa

13

тринадцять

labintatlo

14

чотирнадцять

labing-apat

15

п'ятнадцять

labinlima

16

шістнадцять

labing-anim

17

сімнадцять

labimpito

18

вісімнадцять

labing-walo

19

дев'ятнадцять

labinsiyam

20

двадцять

dalawampu

100

сто

daan

1.000

тисяча

libo

1.000.000

мільйон

milyon

англійська

Ingles

американська англійська

Amerikan na Ingles

китайська
високочиновницька

Tsinong Mandarin

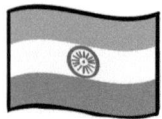

хінді

Hindi

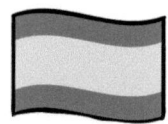

іспанська

Espanyol

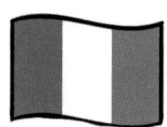

французька

Pranses

арабська

Arabe

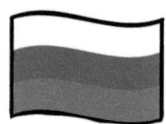

російська

Ruso

португальська

Portuges

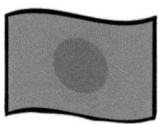

бенгальська

Bengali

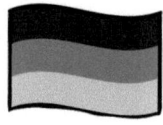

німецька

Aleman

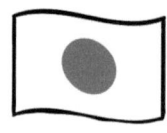

японська

Hapon

я

ako

ти

ikaw

він / вона / воно

siya / siya / ito

ми

kami

ви

ikaw

вони

sila

хто?

sino?

що?

ano?

як?

paano?

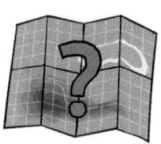

де?

saan?

коли?

kailangan?

ім'я

pangalan

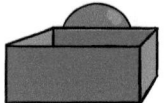

ззаду

likuran

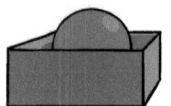

в

saan

перед

sa harap ng

над

itaas

на

sa

під

ilalim

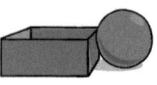

біля

katabi

між

pagitan

місце

lugar